AF595161

DISCOURS

PRONONCÉ

PAR M. L'ABBÉ LECLERC,

CURÉ DE LA CAMBE.

DISCOURS

PRONONCÉ le Dimanche 3 Prairial (23 Mai 1802 v. st.) dans l'Eglise de La Cambe, Diocèse de Séez, Département de l'Orne, par M. l'Abbé LECLERC, Curé de ladite Paroisse, ci-devant membre de l'Assemblée constituante ; lors de son retour en France.

In convertendo Dominus captivitatem Sion, facti sumus sicut consolati....... facti sumus lætantes.

Lorsque le Seigneur fit cesser la captivité de Sion, nous fûmes remplis de consolation........ nous fûmes comblés de joie. *Pseaume 125.*

QUEL merveilleux changement, quel prodige étonnant le bras du Tout-Puissant vient opérer !

Assis dans les ténèbres, couverts des ombres de la mort, les Israélites, plongés dans la douleur, grossissoient de leurs larmes le cours des fleuves de Babylone ; ils ne faisoient point entendre dans cette terre étrangère les hymnes et les cantiques de Sion ; les soupirs et les sanglots étouffoient leurs voix , les airs ne rétentissoient plus de leurs divins concerts , et les instruments destinés à en former l'harmonie , restés muets , étoient depuis long-temps suspendus aux arbres qui ombrageoient ces fleuves.

Les Fêtes du Seigneur n'étoient plus célébrées, ses solemnités étoient abolies, son temple étoit renversé , son sanctuaire profané. Juda étoit consterné , le souvenir de Jérusalem le tenoit abattu dans un morne silence.

Tout à coup une vive lumière brille à leurs yeux et dissipe ces ténèbres épaisses : une voix éclatante frappe leurs oreilles et les réveille de ce sommeil de mort ; ils en croyent à peine leurs sens éperdus. Ils entendent avec étonnement ces heureuses et consolantes paroles... Sortez de vos tombeaux , vos fers sont brisés , les chaînes de votre longue captivité sont rompues ; quittez cette terre d'exil , retournez dans votre patrie ; allez à Jérusalem célébrer les louanges du Seigneur ; allez réparer les ruines de son temple saint ; allez lui offrir des sacrifices si long-temps interrompus.

Qu'il fut serein ! qu'il fut brillant ce jour ! Quels transports n'excita pas en eux ne événement si fortuné ! Quelle fut vive leur joie !

Telle et plus grande encore a été celle que nous avons ressentie lorsque le Seigneur, par sa miséricorde, a brisé les chaînes de la captivité du nouvel Israël.

Lorsque les momens arrêtés dans les décrets éternels ont été accomplis, le Seigneur a envoyé à son peuple un libérateur.

Je vois de toutes parts les temples du Seigneur sortir de leurs ruines, les Prêtres et les Lévites accourir avec empressement. Les pierres du sanctuaire dispersées dans les places publiques, à la voix du nouveau Cyrus, viennent se placer et élever la maison du Seigneur. La croix, placée sur le sommet, y brille et répand ses rayons au loin ; elle est vue et apperçue de tous. Le peuple y accourt et vient en foule s'y rallier.

Les liens qui nous tenoient éloignés de vous, mes très-chers Frères, sont enfin rompus ; le jour de notre délivrance est arrivé ; vous êtes rendus à nos vœux et à nos soupirs ; et après une longue absence, il nous est donné de reparoître au milieu de vous pour vous porter des paroles de paix, *evangelium pacis.*

Cette grâce insigne nous a fait oublier tous nos malheurs, et elle a répandu la plus douce consolation dans notre âme. Nous avons laissé éclatter au-dehors, par des chants d'allégresse, les sentiments dont nos cœurs étoient pénétrés, et qu'ils ne pouvoient plus contenir. Notre surprise, semblable à celle de ceux qui se reveillent d'un long sommeil, a tenu nos esprits en suspens, et notre étonnement n'a cessé que pour faire place à la joie qui a occupé toute la capacité de notre âme : sa mesure a été celle de notre douleur.

Quelles furent amères et abondantes, les larmes que nous répandîmes devant le Seigneur, lorsque la violence de la persécution nous arracha de vous ; qu'elles sont douces et surabondantes, les consolations que Dieu a répandues dans notre cœur, et dont nous comble la faveur du ciel qui nous replace parmi vous. Notre âme, qui fut alors percée d'un glaive de douleur, est aujourd'hui inondée d'un torrent de volupté et de joie, et leur étendue surpasse celle de nos afflictions. A la tristesse la plus accablante ont succédé les plus doux transports ; car, quoiqu'absens de corps, notre esprit et notre cœur n'é-

jamais été séparés de vous. Nous étions sensibles à toutes vos peines, nous partagions vos afflictions, nous supportions vos malheurs ; notre repos et notre tranquillité n'étoient troublés que par notre tendre sollicitude pour le salut de vos âmes ; car, dans ces jours de calamité et de confusion, la providence divine nous avoit conduit dans un port assuré ; tandis que sur une mer orageuse, vous étiez agités et battus par la tempête, le Seigneur nous avoit mis à l'ombre de ses aîles jusqu'à ce que le torrent d'iniquité fût écoulé.

Vous ne pouviez alors servir le Seigneur en liberté ; l'abomination de la désolation étoit placée dans le lieu saint ; le culte du vrai Dieu étoit proscrit, ses temples fermés, ses autels renversés, son sanctuaire profané. Les secours de la religion vous étoient refusés. Sans temple, sans autel, sans sacrifice, sans ministres, vous étiez éloignés du salut, exclus des promesses, sans espérance, sans Dieu, sans Sauveur, sans religion ; vous étiez privés du précieux avantage d'assister à ses saintes cérémonies, et du bonheur inappréciable de participer à ses Sacremens. Vos enfans ne venoient plus puiser auprès de leurs Pasteurs, cette doctrine et ces instructions si nécessaires pour les former à la piété et à la vertu, si propres à en faire de bons citoyens.

Dans ces jours de ténèbres, il ne vous étoit plus permis de vous réunir pour offrir à l'Eternel vos adorations et vos hommages, pour lui présenter vos vœux, ni pour solliciter des grâces de sa bonté.

Alors il n'étoit plus loisible à une épouse tendre et chérie, allarmée sur les jours de son époux, de venir au pied des autels adresser à Dieu ses vœux et ses prières pour sa conservation.

Une mère tremblante pour la vie de son fils unique, que le glaive de la mort menaçoit, n'osoit publiquement invoquer l'arbitre suprême de nos destinées.

L'union conjugale n'étoit plus sanctifiée par la grâce et les bénédictions du ciel. Les fruits de cette union n'étoient plus régénérés dans ces eaux salutaires qui nous font enfans de Dieu et nous donnent droit à l'héritage céleste.

Le pécheur déchiré par ses remords, n'avoit plus la facilité d'en émousser la pointe cuisante, et d'appaiser les cris importuns d'une conscience coupable.

Envain le mourant appeloit auprès de lui le ministre de la réconciliation, pour verser la consolation dans son âme agitée et la préparer au terrible et rédoutable passage de l'éternité ; il étoit loin de lui, il ne pouvoit plus entendre sa voix. Envain il demandoit ce viatique salutaire, ce pain fortifiant, il n'y avoit personne pour le rompre et pour le lui distribuer.

La seule idée de ces maux irréparables nous pénétroit de la plus vive douleur, nous glaçoit d'effroi.

Mille fois nous avons cherché, au péril de notre vie, les moyens de venir à votre secours, et mille fois nous en avons été empêchés, et mille fois nous avons été repoussés.

Les craintes et les angoisses les plus vives sur les dangers où le salut de vos âmes étoit exposé, troubloient la nuit et le jour notre repos et notre tranquillité ; un vrai Pasteur en peut-il goûter loin de son troupeau ? En est-il pour un père éloigné de sa famille ?

Qui des fidèles confiés à nos soins a chancelé dans la foi, que nous n'ayons sincèrement compati à son malheur ? Qui a été entraîné par la violence et le nombre des scandales, et que sa chûte ne nous ait pas profondément touchés ?

Qui de vous a éprouvé des malheurs domestiques, sans que nous en ayons ressenti les atteintes ?

Lorsqu'il ne nous étoit plus possible de faire entendre notre voix, nous faisions parler nos gémissemens devant le Seigneur; nous ne trouvions d'adoucissement à la juste douleur qui nous accabloit, qu'en levant sans cesse les mains vers le ciel pour appaiser la colère d'un Dieu en courroux, et pour attirer sur vous ses grâces et ses miséricordes.

Combien de fois n'avons-nous pas sollicité sa justice de venger sur nous seuls les crimes et les prévarications de tous ? Combien de fois, à l'exemple du grand Apôtre, n'avons-nous pas souhaité d'être anathème pour nos frères ?

Ah ! mes chers frères, pourriez-vous craindre les effets du ressentiment et de l'esprit de vengeance de la part de ceux mêmes qui ont pleuré sur vos maux, qui ont mille et mille fois imploré la clémence du ciel pour conjurer la foudre qui vous a frappés, qui se sont attendris sur vos malheurs, qui n'ont cessé de gémir sur le déplorable état où vous étiez réduits, et de crier au Seigneur : c'est assez, c'est assez, Seigneur, épargnez votre peuple ; tel autrefois le Roi David, voyant l'Ange exterminateur suspendu entre le ciel et la terre, armé de son glaive, s'offroit comme une victime d'expiation, et demandoit à Dieu de l'immoler pour son peuple.

Lorsque nous vous avons vu écrasés sous les ruines et les débris de vos temples, nous est-il resté d'autre sentiment que celui de la douleur la plus amère et de la sensibilité la plus profonde ? Hélas ! notre cœur n'a-t-il pas été navré, et qui de vous n'a pas frémi d'horreur en voyant l'image du Christ et celle de sa Sainte Mère, frappées de la main même de sacrilèges pontifes, tomber sous la hache de l'apostasie ?

Lorsque vos Pasteurs ont vu les autels du vrai Dieu abandonnés, son Eglise déchirée, ont-ils fait autre chose que d'élever leurs voix au milieu du tumulte qui l'étouffoit, pour vous rappeler à la religion de vos pères, qui faisoit autrefois votre bonheur et votre consolation ?

Ah ! éloignez donc de vous des pensées et des soupçons qui feroient tant d'injures à notre amour.

Et de quoi, après tout, pourrions-nous donc nous plaindre ? Seroit-ce de l'avantage précieux et du bonheur inestimable d'avoir confessé le nom de Jésus-Christ et d'avoir obtenu une légère part à sa croix ? Ah ! béni soit le moment heureux, où fidèles à nos devoirs, aidés de la grâce d'en-haut, nous avons tout quitté pour suivre notre divin Maître, pour suivre Jésus-Christ pauvre. Immortelles actions de grâces vous soient rendues, ô mon Dieu, de ce que votre serviteur, tout indigne qu'il est, a été placé, par votre grande miséricorde, au nombre de ceux qui n'ont pas fléchi le genou devant Baal, de ce que votre grâce toute-puissante a soutenu sa foiblesse dans ses épreuves, et de ce que vous-même avez mis dans sa bouche et dans son cœur le courage et la force de préférer la mort à la prévarication.

Dieu nous a donné de souffrir quelque chose pour la gloire de son nom, et s'il nous reste des regrets, c'est de n'avoir pas souffert davantage, et de n'avoir pas été trouvés dignes de verser notre sang pour lui, et peut-être de ne vous avoir pas donné l'exemple d'une soumission plus entière et d'une résignation plus parfaite aux ordres de la providence.

Dieu, tout puissant qu'il est, ne peut pas faire aux hommes une grâce plus signalée ; ce don est, j'ose le dire, plus grand encore que celui de la foi, tout précieux qu'il est. Il vous a été donné, dit l'Apôtre aux Philippiens, non seulement de croire en lui, mais de souffrir quelque chose pour lui.

Le disciple n'est pas au-dessus du maître; les intérêts de sa gloire abandonnés, ceux de ses ministres et de ses serviteurs devoient l'être aussi, et c'eût été une injure pour eux d'être mieux traités que le maître qu'ils servoient. Jésus-Christ ne nous a point appelés à sa suite pour être les heureux du siècle ; il n'a promis à ses envoyés que peines, croix, tribulations ; ils sont destinés autant à souffrir pour sa cause qu'à prêcher son évangile ; ils lui doivent leurs travaux et leurs sueurs, ils lui doivent leur sang ; il les a donnés en spectacle au monde, aux anges et aux hommes, comme des victimes destinées pour le sacrifice ; *Deus nos Apostolos novissimos ostendit tanquam morti destinatos.*

O heureux, mille fois heureux ceux à qui vous avez fait cet honneur, ô mon Dieu! ils vous en béniront dans les siècles des siècles : car vous avez fait reposer sur eux l'honneur, la gloire et la puissance de Dieu même.

Pourrions-nous donc, après cela, regarder comme nos ennemis ceux de nos frères qui, trompés, séduits ou égarés par un faux zèle, et victimes eux-mêmes d'erreur, ont été les instrumens des miséricordes du Seigneur sur nous ? Seroient-ils nos ennemis, ceux qui nous ont fourni l'occasion de manifester notre foi et de sceller en quelque sorte, par nos souffrances, les vérités que nous avons prêchées ? Non, ils ne peuvent être nos ennemis, ceux qui ont contribué à nous rendre semblables à nos pères et à nos maîtres dans la foi, qui étoient transportés de joie lorsqu'ils étoient trouvés dignes de souffrir quelque chose pour le nom de Jésus-Christ ; ceux qui nous ont procuré le bonheur et la gloire d'être devenus les vrais disciples du Fils de Dieu, ceux qui nous ont rendu agréables à ses yeux. Comblez-les de vos bénédictions, Seigneur, et qu'ils participent avec nous au bonheur que vous promettez à ceux qui après avoir surmonté les tentations, sortent purifiés de l'épreuve où vous les avez mis. Si vous nous avez donné quelque droit à vos récompenses, nous consentons à les partager avec eux.

C'est pour votre utilité, mes très-chers frères, et pour votre salut, que Dieu nous a donné de souffrir quelque chose pour l'évangile ; si nous avons été affligés, Dieu a voulu vous montrer en nous la nécessité de souffrir et la manière de rendre utiles à votre salut des souffrances inévitables : ne soyez donc point inquiets et ne vous troublez pas sur ce qui nous est arrivé et sur ce qui fait le juste sujet de notre joie, car la providence de Dieu l'a permis ainsi pour votre salut. C'est pour prouver à ceux qui doutent, la vérité, la puissance d'une religion dont le premier précepte est de renoncer à tout, de se renoncer soi-même et de porter sa croix à la suite de Jésus-Christ. Ce n'est point par l'effet de vos dispositions, ni de vos desseins, que toutes ces choses sont arrivées, mais par la volonté de Dieu, dont la sagesse infinie sait tirer le bien du mal même, *non vestro consilio sed Dei voluntate.*

C'est pour ranimer votre foi qui étoit presque éteinte, c'est pour vous faire connoître tout le prix d'une religion dont vous violiez si facilement les préceptes, c'est pour vous faire marcher à la lueur de son divin flambeau dont vous détourniez vos regards, c'est enfin pour vous donner le goût de la parole de Dieu, que vous avez éprouvé si long-temps la privation de cette divine nourriture. *Sive autem tribulamur pro vestra exhortatione et salute.*

N'étions-nous pas redevables à la justice de Dieu, n'avions-nous pas nos propres péchés à expier, ne devions-nous pas porter l'iniquité du sanctuaire.

Qui est donc l'homme qui commande aux événemens, et qui est celui qui a dit que cela se fasse et cela s'est fait, si le Seigneur ne l'eût pas ordonné ; *quis est iste qui dixit ut fieret Domino non jubente.*

Je ne puis me refuser à la douce satisfaction de penser que vous êtes tous mes amis, parce que je suis le vôtre. Non, vous ne m'avez point offensé, *nihil me læsistis.* Rien dans votre conduite qui doive vous faire croire que j'aye changé de sentimens à votre égard. Vous connoissez le zèle, les fatigues et les soins avec lesquels autrefois je vous ai annoncé l'évangile ; vous ne méprisâtes pas alors les marques de ma tendresse, vous fûtes sensibles aux effusions de mon cœur. Lorsque je parus parmi vous , vous m'accueillîtes comme l'envoyé de Dieu. Je reçus de vous les témoignages les plus flatteurs de votre contentement et de votre joie , vous publiâtes par-tout que vous vous estimiez heureux de ce que je tenois au milieu de vous la place de l'Ange du Seigneur.

De mon côté , je rends publiquement cette justice et ce témoignage à votre bienveillance et à votre amour pour moi , et je dis hautement , avec attendrissement et reconnoissance , que vous étiez disposés à faire en ma faveur les plus grands sacrifices. Notre séparation vous auroit affligés ; vous deviez , j'ose le dire , ces sentimens à mon amour qui s'accroissoit encore par ce juste retour.

Aurois-je donc perdu votre affection en cherchant à vous être utile , en vous prêchant des vérités nécessaires à votre salut. Malheur à moi , si je les avois tues , si j'avois retenu la vérité captive dans l'injustice : j'aurois trahi mon ministère , j'aurois été indigne de votre confiance. Je connois le fond de vos cœurs , ils sont toujours les mêmes , ils n'ont jamais été éloignés de moi.

O , mes chers enfans ! je me sens pour

vous toute la tendresse d'une mère, et je viens, au prix des sueurs, des peines et des travaux, vous enfanter une seconde fois à Jesus-Christ. Vous me serez chers comme les enfans de ma douleur. *Filioli mei quos iterum parturio donec formetur Christus in vobis.*

Il fut ordonné aux Prêtres et aux Lévites revenant de la captivité de Babylone, de prendre avec eux le feu sacré qui avoit été caché par le Prophète Jérémie, et le livre de la Loi, afin de rallumer dans le temple de Jérusalem, le feu qui devoit consumer les holocaustes, et de faire revivre dans tous les cœurs l'amour de la Loi de Dieu; ministres de la nouvelle alliance, nous revenons au milieu de vous pour rétablir le culte du vrai Dieu, faire renaître dans vos âmes l'amour de sa Loi, rallumer dans vos cœurs le feu divin de la charité, et ramener la paix et la concorde parmi des concitoyens, parmi des frères, enfans d'une même famille.

Nous revenons au milieu de vous comme des amis et des frères, pour vous faire oublier vos longs malheurs, pour vous consoler et pleurer avec vous sur vos égaremens, pour vous montrer et vous ouvrir la voie du salut, abandonnée depuis trop long-temps. Nous venons verser sur vos plaies l'huile et le vin. Nous venons enfin, comme des pères tendres et sensibles douloureusement affligés des égaremens de leurs enfans.

Malheur à nous, si aucune vues humaines, si aucun intérêt temporel nous conduisoient ici, si le souvenir du passé aigrissoit nos ressentimens. Loin de nous de pareilles pensées ; ministres d'un Dieu de paix, coopérateurs de Jésus-Christ, nous devons être animés de son esprit ; comme ce souverain Pasteur des âmes, nous devons chercher les brebis qui ont eu le malheur de s'égarer, les charger sur nos épaules, et les ramener dans le bercail ; elles nous seront les plus chères ; c'est la dragme perdue et recouvrée.

Notre ministère n'est point un ministère de mort, mais un ministère de grâce et de charité ; nous n'avons que des paroles de paix à vous annoncer, puissent vos cœurs s'ouvrir pour les recevoir.

Revêtus de l'auguste qualité d'ambassadeurs de Jésus-Christ, nous vous offrons en son nom la réconciliation avec Dieu.

Ne résistez donc pas, nous vous en supplions, aux prières et aux invitations de Jésus-Christ même. Nous ne demandons ni vos biens ni vos richesses, mais nous cherchons vos âmes ; heureux si nous pouvions les acquérir au prix de tout ce que nous possédons, heureux si nous pouvions les gagner à Jésus-Christ au prix de notre sang.

Ne soyez donc pas, nous vous en conjurons de rechef, plus troublés du passé que nous-mêmes, et nous ne pouvons nous lasser de vous le répéter, que la crainte de nous avoir déplu, de nous avoir offensé, qu'aucun sentiment étranger n'altère la joie de ce jour auguste et mémorable. Oui, nous en prenons ici l'engagement irrévocable, ce jour sera à jamais sacré et solemnel pour nous : chaque année nous y célébrerons la mémoire des abondantes bénédictions que Dieu a versées sur nous ; chaque année nous y accomplirons les vœux formés dans la captivité, chaque année nous en formerons de nouveaux pour notre libérateur. Daigne le Seigneur Dieu des Armées, qui a appellé ce jeune Héros à sauver la France, qui a donné à ses armes de si brillans succès, qui l'a rendu le pacificateur du monde, continuer de lui [illegible] soumis les ennemis de l'état et le protéger contre ceux de sa personne.

Daigne le Dieu qui l'a établi le restaurateur de la liberté de son culte, dont il a relevé les autels, ajouter à ses jours. Qu'il vive autant que sa gloire, qu'il vive autant que le bonheur des Français l'exigera.

Prenez, dit le Seigneur à son Prophète, une tige d'arbre, et écrivez dessus : pour Juda et les enfans d'Israël qui lui sont unis ; et prenez une autre tige, et écrivez dessus : pour Joseph, pour Ephraïm, pour toute la maison d'Israël et pour ceux qui lui sont unis ; et approchez ces deux tiges l'une de l'autre pour les unir, et elles deviendront en votre main une seule et même tige.

Et lorsque les enfans de votre peuple vous diront : ne nous découvrirez-vous point ce que signifie ce que vous faites ; vous leur direz : *Voici ce que dit le Seigneur votre Dieu : je vais prendre la tige de Joseph, qui est dans la main d'Ephraïm, et les tribus d'Israël qui lui sont unies, et je la joindrai avec la tige de Juda, pour n'en faire plus qu'une de ces deux, et elles seront dans ma main une seule et même tige.* Ezech. c. 37.

Israel et Juda ne seront plus deux peuples séparés, il n'y aura plus de schisme en Israël, Jérusalem sera le seul lieu où le Seigneur sera adoré, il n'y aura désormais qu'une bergerie, un troupeau et un Pasteur.

Le Pontife vénérable à qui le Fils de Dieu a donné les clefs de son royaume, assis sur la Chaire de Saint Pierre, où son mérite et ses vertus l'ont élevé, a de ce lieu éminent, laissé tomber un regard sur une portion de l'héritage confié à ses soins; il a vu ses brebis dispersées, il les a appelées par leur nom, elles ont reconnu sa voix et sont rentrées dans le bercail. Il vole avec la force et la rapidité de l'aigle où le besoin pressant de ses enfans l'appelle, il les trouve égarés dans les régions stériles et ténébreuses de l'erreur, il étend sur eux ses aîles pour les couvrir, les excite doucement à prendre leur essor, les prend, les enlève, les charge sur ses aîles et les transporte dans une terre fertile, abondante et éclairée de la vive lumière de la vérité; *sicut aquila provocans ad volandum pullos suos et super eos volitans expandit alas suas, etc...* Deut. 32.

Réunis tous ensemble sous la houlette

d'un Pasteur selon le cœur de Dieu et que sa providence a suscité dans ces temps difficiles pour être le réconciliateur du peuple, pour réparer la terre, pour posséder les héritages dissipés, pour la paix et la gloire de son Eglise, nous serons tous dociles à la voix de celui qui sur la terre tient la place de Jésus-Christ, et nous n'aurons tous qu'un Dieu, une foi, un patrie, un cœur et une âme.

Dans le temps que le Seigneur exerçoit ses jugemens et ses justices sur des coupables, dans le cours même de sa colère, il s'est souvenu de ses miséricordes, il méditoit encore des desseins de salut sur des pécheurs endurcis. Il a vengé sa gloire outragée sur des ingrats qui méprisoient ses bienfaits, il a déployé la majesté de sa puissance sur des impies qui blasphémoient son Saint Nom; mais il n'a pas voulu nous détruire, il n'a voulu que nous châtier, pour nous corriger et nous amener à la pénitence. C'est parce que les yeux de sa miséricorde éternelle sont continuellement ouverts sur la France, que ce peuple n'a pas été anéanti. Nous avons été traités bien plus favorablement que tant de nations peut-être moins criminelles que nous, à qui Dieu, en punition de leurs péchés, a pour jamais enlevé le flambeau de la foi.

Car par un juste mais impénétrable jugement, le royaume de Dieu une fois ôté à un peuple, est donné à d'autres qui produisent des fruits qui en sont dignes.

Lorsque le soleil de justice s'est retiré des contrées qu'il a éclairées de sa divine lumière, il ne se lève plus pour elles, il les laisse dans un nuit éternelle.

Mais sa bonté infinie nous rappelle des ténèbres à l'admirable lumière de l'évangile, et nous arrache de nouveau à la puissance de Satan, pour nous transporter dans le royaume de son Fils bien-aimé.

Ce n'est ni à nos œuvres ni à nos mérites que cette faveur inouie est accordée ; nous la devons, Vierge Sainte, à votre toute-puissante protection ; quel signe plus éclatant, quel gage plus certain en pouvions-nous recevoir ; le jour même où chaque année, la France prosternée à vos pieds, vous offre l'hommage de son dévouement spécial, vous adresse ses vœux et renouvelle sa consécration à votre service ; le jour auguste et sacré où l'Eglise célèbre votre divin triomphe, en terrassant l'hérésie, vous avez assuré celui de la vérité sur l'erreur. Vous avez jetté sur nous un regard de miséricorde, et vous avez donné pour toujours la paix à l'Eglise de France. *Virgo Dei genitrix sola cunctas hæreses interemisti.*

Bienheureuse la nation dont le Seigneur est le Dieu. Vous êtes cette race choisie, un peuple reconquis par Jésus-Christ, qui vous a rappelé des ténèbres à son admirable lumière.

Dieu vous a déjà donné, mes très-chers Frères, un gage de sa bonsé et de sa protection dans les victoires multipliées qu'il vous a fait remporter sur les ennemis de l'Etat : ces triomphes vous ont comblés d'honneur et de gloire. Il vous a établi la première et la plus illustre nation de l'univers, afin que vous soyez la première et la plus distinguée par vos vertus, par votre attachement à son culte et par l'obéissance à ses saintes lois. *Vous les observerez et vous les accomplirez effectivement, car c'est en cela que vous ferez paroître votre sagesse et votre intelligence devant les peuples qui en entendront parler, et vous les voyant observer, ils diront : voilà le peuple vraiment sage et intelligent, voilà la grande nation.* Deut. c. 4.....

Après la longue captivité des Juifs, Dieu rétablit Jérusalem dans sa splendeur ; mais souvenons-nous toujours que cet état brillant ne dura qu'autant qu'elle fut fidèle à Dieu ; lorsque la corruption des mœurs eut fait oublier les devoirs, Antiochus devint l'instrument des vengeances divines. Le même sort nous attend, si après de longs malheurs provoqués par nos crimes, nous retournons à nos premières infidélités.

La religion fait le bonheur et la gloire d'une nation, mais le péché rend les peuples misérables.

Ne tarissez pas la source de vos prospérités par de nouveaux péchés et par de nouvelles infidélités. Ah ! puisque le Seigneur ne nous a pas rejettés, puisque le précieux don de la foi ne nous est pas enlevé, renouvellons notre alliance avec le Seigneur, faisons avec lui un pacte nouveau, que la sincérité de notre retour soit le garant de notre fidélité, et que notre attachement inviolable à sa sainte loi éloigne à jamais de nous les effets de sa colère : *ineamus fœdus cum Deo Israël et avertat à nobis furorem iræ suæ.*

Sûrs de trouver accès auprès de Dieu par Jésus-Christ notre Médiateur et notre

Souverain Pontife, allons nous prosterner avec confiance au pied du trône de sa grâce, et pénétrés de la plus vive douleur sur le nombre et l'énormité de nos péchés, que chacun de nous s'écrie : Nous avons péché, ô mon Père, contre le ciel et contre vous, nous ne sommes plus dignes d'être appelés vos enfans ; oui, Seigneur ! nous avons péché, nous avons comblé la mesure de nos crimes et de nos iniquités. Nous nous sommes égarés dans les voies de l'impiété, nous avons enfreint vos commandemens et vos préceptes, nous avons désobéi à vos lois, nous avons manqué à nos promesses les plus solennelles, nous avons foulé aux pieds le Fils de Dieu, et profané le sang de la nouvelle alliance. A vous, Seigneur, appartient le jugement et la justice, et à nous la honte et la confusion. Nous avons mérité vos justes châtimens, et de plus grands encore. Seigneur, détournez vos yeux de nos iniquités. Voyez la douleur et l'affliction de votre peuple qui revient à vous. Prêtez l'oreille à ses gémissemens. Ce peuple vous appartient, il est marqué de votre sceau, et votre Saint Nom a été invoqué sur lui. Nous n'avons à offrir à votre souveraine majesté ni mérites ni bonnes œuvres dans lesquelles nous puissions placer notre confiance ; nous la mettons uniquement dans vos miséricordes infinies. Voilà vos enfans prosternés devant vous. Nous prenons le ciel et la terre à témoin de notre repentir et de la sincérité de nos résolutions. Nous promettons de nous attacher inviolablement à vous et de vous servir avec fidélité. *Nous sommes votre peuple, soyez notre Dieu.* Ne rejettez pas des cœurs contrits et humiliés ; pardonnez à des enfans qui reviennent à vous dans toute la sincérité de leur âme.

Faites briller à cause de vous-même, Seigneur, un rayon de votre lumière sur votre sanctuaire abandonné, et confirmez du haut du ciel les résolutions que vous-même nous avez inspirées.

Versez vos bénédictions sur les fidèles ici assemblés, sur les Consuls, sur toutes les autorités qui nous gouvernent ; continuez de faire descendre sur eux la sagesse qui habite auprès de votre trône ; qu'elle les inspire et les dirige pour le bonheur et la gloire de la nation. Donnez à tous les Français un cœur docile à ses divines impressions, afin qu'unis inséparablement par les nœuds de la charité, nous soyons tous consommés dans l'unité.

Que la grâce de Notre-Seigneur Jésus-Christ, et la charité de Dieu et la communication du Saint-Esprit soit avec vous tous.

AINSI SOIT-IL.

A FALAISE, de l'Imprimerie de BRÉE frères.

www.ingramcontent.com/pod-product-compliance
Lightning Source LLC
LaVergne TN
LVHW012103170726
843501LV00008BB/2736

* 9 7 8 2 3 2 9 6 5 3 3 7 2 *